Unvergeßliche Schulfeste

Zündende Ideen:
Abschlußfeier,
Schulfest,
Aktionen.

RÜDIGER KOHL Verlag, Niederzier

3. Auflage 1993

Satz: Aquisgrana Fotosatz GmbH, Aachen
Druck: Primus-Druck, Eschweiler
Umschlaggestaltung: Karin Kohl
Die Zeichnungen im Innenteil stammen
von Dieter Martens, Berlin.

ISBN 3-89361-121-5

Inhalt

Auf ein Wort

Wenn Sie erwarteten, daß Sie in diesem Büchlein ein fertiges Programm Ihrer nächsten Abschiedsfeier oder des in einigen Wochen bevorstehenden Schulfestes finden, müßten wir Sie leider enttäuschen. Feiern und Feste werden immer von den örtlichen Gegebenheiten (Traditionen), vom sozialen Klima, von Engagement der Beteiligten und von der Fülle guter Einfälle mitgeprägt. Und gerade da setzt nun dieses Büchlein an; denn Jahr für Jahr wird in Tausenden von Schulen gefestet und gefeiert, Willkommen geheißen und eben auch Abschied genommen. Und dies läuft durchaus nicht immer nach demselben Strickmuster (und schon gar nicht verordnet) ab.

Aus diesem Ideen-Pool haben wir Beispiele ausgewählt, von denen wir glauben, daß sie auch Ihnen bei der Planung der nächsten Feier oder des nächsten Festes Anregung und Hilfe geben können.

Und jetzt blättern Sie mal!

Viel Spaß dabei,

Ihr Karl S. Kempter

Wenn Babsi in eine andere Schule kommt

Immer wieder kommt es vor, daß während eines Schuljahres oder innerhalb des zweijährigen Turnus einzelne Schüler wegen eines Umzugs oder aus ähnlichen Gründen die Klasse verlassen.
Je nach der Dauer ihrer Zugehörigkeit und der Intensität der sozialen Eingliederung werden wir solche Schüler nicht ziehen lassen, ohne auf eine Art Abschied zu nehmen, die ihnen und uns zur bleibenden Erinnerung wird.

Überlegungen:
Soll der/die Scheidende in die Abschiedsfeier einbezogen werden, oder wollen wir sie/ihn überraschen?
An manchen Schulen gibt es eine hohe Fluktuation. Da erleben die Schüler ohnehin, daß die Klasse eine solche Gelegenheit nicht ohne kleine Feier verstreichen

läßt. Hier verpufft also der Überraschungseffekt, und es ist besser, von vornherein den/die Schüler/in voll in die Planung einzubeziehen. Da er/sie dann bereits mehrere Verabschiedungen miterlebt hat, lassen wir ihn/sie selbst mit überlegen und wählen, wie er/sie sich so etwas wünscht.

Wie könnte eine Abschiedsfeier aussehen?

1. Standardfeier

Zeitpunkt: Letzte Unterrichtsstunde

Plan
- *Kurze Ansprache des Klassenlehrers,*
- *Lied-, Song, Musik-, Gedichtvortrag Einzelner oder einer Gruppe mit innerem Bezug zur Klassengemeinschaft,*
- *Erfüllung des besonderen Wunsches der/des Scheidenden,*
- *Überreichen des Abschiedsgeschenkes,*
- *Abschiedslied/-gedicht, -song, -musik.*

„Der Direx und die Mathelehrerin waren zu meinem Abschied echt gerührt"

2. So aber geht es auch:

■ *Andrea D.:*
„Am Schluß sagte Frau S. zu mir, ich solle unbedingt bei Frau Kaiser, unserer Rektorin, vorbeischauen. Die wolle sich auch von mir verabschieden. Ich hatte gar nicht gewußt, daß die mich überhaupt kennt.
Zwei meiner Freundinnen begleiteten mich. Frau Kaiser sprach mich gleich mit meinem Namen an und fragte mich, ob es mir schwerfalle, jetzt in eine neue Umwelt zu kommen. Aber sie habe schon mit meinem künftigen Rektor in N. gesprochen, und der habe gesagt, daß ich in eine sehr nette Klasse käme, und sich schon alle auf mich freuten.
Dann schenkte sie mir ein kleines Buch von K., in dem stand: ‚Für Andrea zur Erinnerung an die zwölf Jahre in K. und an alle Menschen die sie hier kennengelernt hat.' Das hat uns alle, auch meine Eltern, sehr gefreut."

■ *Kristian F.:*
„Der Abschied von der Klasse war ganz nett und die Kassette, die meine Schulkameraden eigens für mich zusammengestellt hatten, habe ich seither schon oft abgehört. Aber am tollsten war: Als wir am Abend zuhause beim Abendbrot saßen – Vater sagte schon, das sei unsere ‚Henkersmahlzeit' – gab es draußen im Hof plötzlich Lärm. Meine Schwester rannte zum Fenster und rief dann: ‚Kommt schnell, Kristians ganze Klasse und auch Herr P. stehen draußen!' Nicht nur wir, sondern auch alle Leute im Haus waren auf den Balkonen. Meine Klasse schwenkte bunte Fähnchen und dann sangen sie das ‚Orchester: Die Geige ...' usw. Zum Schluß rief Herr P.: ‚Für unseren Kristian ein gutes Eingewöhnen in der neuen Heimat und ein dreifaches ...!' Und die ganze Klasse rief ‚Hoch! Hoch! Hoch!'.
Meine Mutter hat sogar geweint, so toll fand sie das.
Und am andern Tag, als wir uns von unse-

ren Nachbarn verabschiedeten, sagten alle, daß sie so etwas noch nie erlebt hätten bei einem Umzug."

■ *Conny L.:*
„Ich hab's nicht glauben wollen, aber am Nachmittag riefen mich plötzlich alle möglichen Leute an und sagten, ich solle um fünf unbedingt Radio OP. anstellen. Und was war da? Mein Lieblingssprecher Stevie S. sagte tatsächlich meinen Lieblingssong an als Gruß von meiner bisherigen Klasse und vor allem von ... .Sogar mein Lehrer wurde da genannt. Ich hab fast geheult, weil mein Kassettenrecorder verpackt war und ich das Ganze nicht aufnehmen konnte. Aber um sieben brachte mir Annette die Aufnahme von der ganzen Sendung vorbei. Die höre ich jetzt oft an und denke an ..."

■ *Julia R.:*
„Als ich an dem Tag zur Schule ging, sagte Herr L. im Treppenhaus zu mir: ‚Na, viel Spaß heute. Die müssen dich ja in der

Schule mögen.' Ich fragte, wie er das meine. Er sagte: ,Hast du es heute noch nicht in der Zeitung gelesen? Da steht, daß dir deine ganze Klasse dankt und für die nächste Zukunft alles Gute wünscht!' Ich dachte, das sei ein Witz. Wir hatten an diesem Tag auch schon die Zeitung abbestellt. Aber unsere Lehrerin hatte sie mitgebracht und gab sie mir zum Abschied."

■ *Erika W.:*
„Nach der Abschiedsfeier unterhielt sich mein Lehrer noch ein bißchen mit mir. Das war zwar nett gemeint, aber ich war traurig, weil ich nun ganz allein nach Hause gehen mußte.
Ich kam aus der Schule, und was sah ich da? Die ganze Klasse stand da in zwei Reihen, durch die ich gehen mußte. Dann nahmen mich die Vordersten in die Mitte und alle begleiteten mich durch das ganze Viertel heim. Alle Leute haben geguckt. Aber mir hat das Spaß gemacht und ich war gar nicht

mehr traurig. Vor unserem Haus haben sich alle noch einmal von mir verabschiedet und mir alles Gute gewünscht. Meine Mama sagte nachher, so etwas habe sie noch nie gesehen."

■ *Corinna K.:*
„An diesem Morgen war ich etwas traurig. Eigentlich war ich in K. nie gerne zur Schule gegangen. Vielleicht anfangs schon. Doch jetzt war mir doch ein wenig zum Heulen zumute, weil ich von all den vertrauten Gesichtern Abschied nehmen sollte. Als ich dann lostrabte, wer stand da vor unserem Haus? Nicht bloß meine Klassenkameraden und Freundinnen aus dem Viertel. Auch einige andere Schüler unserer Schule, die hier wohnten, sagten, sie wollen mich heute zum letzten Mal zur Schule begleiten. Und vor der Schule stieg gerade Frau Z. aus ihrem Auto und wartete auf uns. ‚Na, Corinna,' sagte sie, ‚heute gehen wir noch einmal gemeinsam in die Klasse.'"

Welches Abschiedsgeschenk überreichen wir?

Abschiedsgeschenke sollten unbedingt aus der Klassengemeinschaft herauswachsen und später an diese erinnern. Wird ein Geschenk gekauft, so unterschreiben wenigstens alle Mitschüler die Widmung oder gestalten diese erkennbar mit.

Hier noch einige Beispiele, wie sie in den Aussagen oben z.T. schon angedeutet wurden:

- Die Abschiedskladde: In einem mehr oder weniger schmucken Heft zeichnen, malen erzählen die Klassenkameraden aus und dem gemeinsamen Erlebniskreis.
- Das Poesiealbum: Es scheint trotz vieler Anfeindungen immer wieder neu aufzuleben. In bestimmten Altersstufen ist es besonders beliebt. Wenn der scheidende Schüler noch kein eigenes besitzt, könnte die Klasse ihm eines mit den vollständigen Einträgen von allen Mitgliedern überreichen.

Als Einleitung könnte der Eintrag des Klassenlehrers stehen, der auf den besonderen Anlaß eingeht.

- Die Abschiedskassette I: Eine Gruppe von technisch erfahrenen Schülern gestaltet eine Musik-Kassette, auf der sich die in der Klasse beliebtesten Schlager, etc. finden. Zwischenmoderaturen durch einzelne Schüler („Holger B. möchte dir damit eine Freude machen.") stellen einen inneren Bezug zum Anlaß her.
- Die Abschiedskassette II: Auf einer Kassette werden Szenen aus dem Schulleben („Verstecktes Mikrofon?"), Schulspiele oder andere musische Beiträge zusammengestellt. Auch hier sprechen Schüler der Klasse die Übergangstexte und nennen dabei Anlaß und ihren Namen.
- Ein Ratespiel „Erinnerst du dich?" spielt Töne und Geräusche (Schulklingel, Lehrerstimmen, Pausenlärm, Kirchenglocke, Verkehrslärm usw.) ein. Dazwischen stellen Mitschüler lustige Rätselfragen oder

Auf dem Weg zur Abschiedsfeier hörte er sich mehrfach die Abschiedskassette mit den Schulgeräuschen an ...

erzählen Witze.
- Das Stimmenratespiel: Jeder Schüler stellt sich unter dem Namen eines Mitschülers vor und spricht einen Satz, der Bezug zum Schulalltag oder zum/zur Abschiednehmenden hat: z.B.: „Auch ich, die Manuela (das ist nicht der Name der Sprechenden) freue mich, wenn du mir einmal eine Ansichtskarte von YX schickst. Da soll es gute ... geben."
- Das Erlebnisratespiel: Ähnlich könnte auch ein Ratespiel Erlebnisse aus dem Schulleben, Umschreibungen von Personen, Gebäuden, usw. enthalten und Erinnerungen wachrufen.

Möglicherweise enthält solch eine Kassette auch ein Interview mit dem/der Scheidenden, in dem er/sie über gemeinsame Erinnerungen und Erwartungen usw. befragt wird.

Ein Abschiedschor der Klasse oder ein Kanon von Wünschen der bisherigen Mitschüler/innen beschließt den bunten Reigen.

Das Abschiedsvideo: Soweit die Voraussetzungen vorliegen, könnte eine Gruppe ein Videoband bespielen, auf dem sich evtl. auch kurze Szenen (Videokamera) befinden, in denen Mitschüler und besonders der/die Scheidende zu sehen sind. Zwischeneinblendungen von Personen oder Gebäuden der bisherigen Heimat sorgen für Auflockerung.

- Ein Abschiedsbild: Auf ihm erinnern Einzelfotos als Collage, Zeichnungen oder Randfigurationen an die bisherige Klassengemeinschaft.
- Eine „Ehrenurkunde“: Von einem zeichnerisch begabten Mitschüler wird eine dokumentähnliche Ehrenurkunde für den „Ehrenmitschüler“ („für besondere Verdienste“, „für selbstlosen Einsatz bei der Rettung des Frohsinns im Schulalltag“, usw.) ausgestellt und vom „Ehrenausschuß“ (von allen Mitschülern) unterzeichnet.
- Das „Daumenbild“: Eine Klasse verewigt

sich auf einem Bild unter dem Titel „Wir drücken Dir auch weiterhin die Daumen!" ornamenthaft mit farbigen Daumenabdrücken. Neben jedem Daumenornament ist der jeweilige Namenszug des Daumenbesitzers angebracht.
- Der „Abschiedshelm": Eine andere Klasse sammelt Geld und besorgt der scheidenden Mitschülerin einen Sturzhelm für Fahrten mit dem neuen Mofa. Mit dauerhaften Farbstiften (Autolackstiften) wird er mit guten Wünschen und Namenszügen klassenindividuell verziert.
Man sieht also, bei Abschiedsgeschenken sind der Fantasie keine Grenzen gesetzt. Solche Geschenke halten oft für recht lange Zeiträume die Erinnerung an die Zugehörigkeit zu einer Klasse wach.

Die 6b löst sich auf

Anders als beim Wechsel von der zweiten zur dritten Klasse, bei der eigentlich nur der/die Klassenlehrer/in wechselt, wird nach der 4., 6. oder mitunter 8. Klasse oft auch der Klassenverband aus vielerlei Gründen aufgelöst und völlig neu zusammengestellt. Dies ist für Klassenlehrer sicher ein Anlaß, am vorletzten oder letzten Schultag die Zeit der Zusammenarbeit und des Zusammenlebens mit der Klasse nun noch einmal Revue passieren zu lassen und für spätere Erinnerungen zu vertiefen. Ein Klassenabschied also für Lehrer und Schüler unter dem Motto:
Was war, war. So wie in den vergangenen beiden Jahren wird es nie mehr sein.
Zwar werden einzelne Schüler der Klasse auch in künftigen Gruppierungen wieder miteinander „Schule machen", doch wollen wir die Erinnerung an die vergangene gemeinsame Zeit nicht einfach dem Ver-

gessen preisgeben. Dafür haben wir alle zu viel persönlichen Einsatz aufgebracht.
Also wird eine gemeinsame Abschiedsfeier geplant.
Meist ist es der Fall, daß am Schuljahresende die Lehrerin oder der Lehrer die Klasse abgibt.
Da hier ein wesentliches Mitglied aus der bisherigen Gemeinschaft ausscheidet, ist das durchaus ein Grund für eine Abschiedsfeier:

■ *Kurt M.:*
„Schon vor zwei Jahren hatte ich meine damalige Klasse am Nachmittag des vorletzten Schultages zu mir nach Hause eingeladen. Meine beiden Söhne bedienten den Getränkestand, meine Frau leitete einige gemeinsame Spiele und fotografierte, während ich zeitweise den Würstchengrill bediente und vor und nachher als Mitspieler fungierte, was eine Menge Heiterkeit auslöste: Meine Frau hat mich beim Wurst-

*schnappen ganz schön hüpfen lassen, und die Klasse stand dabei und johlte.
Als am Spätnachmittag alle Kinder weg waren, und wir einigermaßen aufgeräumt hatten, waren wir der Meinung, es habe sich für meine Klasse und für uns gelohnt. Jedenfalls meinten meine Söhne, daß so ein Fest schon deshalb sein müsse, weil sie sonst nie mehr gegen ihren Vater beim Purzelbaumwettlauf antreten könnten.
Also auch heuer wieder. Und, Hand aufs Herz: Ich freue mich schon darauf."*

■ *Gisela H.:*
„Wir werden auch heuer wieder zum Olenkamp wandern. Dort ist Platz für diverse Feldspiele und auch ein gemauerter Grill. Mein Mann und Uwe werden schon morgens mit dem Auto hinfahren, den Grill anheizen und das Spielfeld für Völkerballspiele abgrenzen. Die Maschine dazu leihen wir vom Fußballverein. Außerdem werden mein Mann und ich noch eine Menge Luftballons,

Getränkekisten, ein Salatbuffet und Spielge- räte (aus der Schule) mitnehmen, damit niemand zu kurz kommt.
Ich werde dann mit jenen Eltern, die sich freimachen konnten, und mit meinen Schülern die rund fünfzigminütige Wanderung dorthin machen. Meine beiden Töchter sind auch dabei. Ich hatte in einem Elternbrief gebeten, daß alle Teilnehmer etwas zum Grillen mitnehmen sollten. Wir werden aber zusammen mit Frau J. noch zusätzliche Portionen von Grillgut und Salaten bereitstellen. Falls es regnen sollte, stehen uns an diesem Tage die obere Turnhalle und zum Grillen ein Teil des Fahrradschuppens zur Verfügung. Am Spätnachmittag werden dann die restlichen Eltern mit den Autos kommen, noch ein wenig mitspielen und dann die Kinder mitnehmen. Da Uwe eine Sofortbildkamera besitzt, wird er zum Schluß jedem Kind ein Foto von dem Fest mitgeben können.
Die Kosten? So schlimm ist das auch nicht. Schließlich wird auch meine Familie eine

Menge Spaß daran haben. Mein Mann jedenfalls ist beim Gedanken an diese Superparty schon ganz aufgedreht. Wenn ich alle seine Ideen einplanen wollte, würde das ein Dreitagefestival!"

■ *Linda T.:*
„Da sich auch in diesen beiden Jahren aus der Klasse eine Musik- und Theatergruppe entwickelt hatte, konnten wir zum Abschiedsfest eine Premiere bieten: Wir luden Schulleitung, Kollegium, Eltern und Gemeindevertreter dazu ein.
Das Programm mit den gut inszenierten (Fachlehrerin G.) musikalischen und szenischen Beiträgen fand bei allen Beifall. Wir hatten bei der Planung darauf geachtet, daß jedes Kind der Klasse bei irgendeinem Beitrag beteiligt war, und dies hat natürlich die Eltern in ständiger Spannung gehalten. Eigentlich nicht vorgesehen war, daß am Schluß sogar der Bürgermeister das Wort ergriff und sagte, daß er sich über diesen

Abend gefreut habe. Der Darbietungen wegen, aber auch, daß an der Grundschule H. nicht nur das Einmaleins, sondern auch die schönen Seiten des Lebens eingeübt würden. Und er freue sich, daß die Absolventen der Grundschule auch in ihrer weiteren Laufbahn gute Erinnerungen an die Grundschule H. mitnehmen.
Solch ein Lob hat uns gefallen."

■ *Henri L.:*
„Unsere geplante Abschiedstour zum Kolberg wurde durch eine Schlechtwetterperiode verhindert. So mußte ich schnell umdisponieren und mit Kollegin P. und ihrer Klasse eine Klassenolympiade improvisieren.
Jeder Schüler bekam eine Laufkarte, auf der die einzelnen Disziplinen eingetragen waren: Seilhüpfen, Pfeilwerfen, Luftballonslalomdribbling, Watteblasball, Luftballonsprengen, Löffellauf mit Tischtennisball, Tischfußball, 30m-Einbeinhüpfen, Kopfballstoßen, Ballzielwurf in einem Eimer usw.

Wer keine Lust zum Sport hatte, mußte als Kampfrichter die erreichten Anzahlen oder Zeiten in die Laufkarten eintragen.
Zum Abschluß der Olympiade gab es noch Staffelläufe per Skateboard, so daß wir auch Mannschaftswettbewerbe hatten.
Während des abschließenden Völkerballspieles errechnete ich mit den Kampfrichtern die Punktzahlen.
Kollegin P. hatte genügend Urkundenvordrucke besorgt, so daß beim Abschluß mancher Schüler zwei und mehr Urkunden als „Olympiateilnehmer" mit nach Hause und in die Ferien nehmen konnte. Auch die Kampfrichter: Für hervorragende Leistungen im Organisationsteam."

■ *Monika W.:*
„Da ich in den letzten Wochen dieses Schuljahres krank war und nichts mehr mit der Klasse vorbereiten konnte, hatte ich vorgeschlagen, daß wir uns am vorletzten Schultag nachmittags im Nebenzimmer des Cafe

M. zusammensetzen. Zwanglos wurde bei Kakao, Limo und Kuchen über alles Mögliche geplaudert und gelacht. Mancher Schüler erzählte, was ihm in den vergangenen beiden Jahren in der Klasse am meisten gefreut hatte und worauf er sich in den nächsten Jahren freue.
Weil mir bei so wenig Planung ein wenig mulmig war, hatte ich noch zwei Jugendromane mitgenommen, um notfalls daraus vorzulesen.
Nach diesen brauchte ich aber gar nicht zu greifen, denn die Party lief ohne mein Eingreifen von selbst. Ich setzte mich reihum an die Tische. Auch die Kinder wechselten gelegentlich ihre Plätze, so daß ich unwillkürlich an das Schlagwort „Soziale Integration" denken mußte und zum Abschluß dieses Schuljahres ein wenig stolz darauf war, daß ich das nur im Hinterkopf geplant, nie aber in einen Aktionsplan umgesetzt hatte.
Bevor wir die Fahrschüler zum Bus brachten, sangen wir noch einen Kanon. Dann zogen

wir ‚Daheimgebliebenen' in einer langen Schlange rund um das Dorf und entließen unter gespieltem Geheule jene Kinder, die jeweils in der Nähe wohnten. Die Kinder aus meiner Nachbarschaft ließen es sich nicht nehmen, auch mich heimzubegleiten."

■ *Veronika U.:*
„Da die Mehrzahl meiner Schüler in den kommenden Schuljahren nach E. kommen sollten, vereinbarte ich mit den Kollegen der dortigen Schule einen gemeinsamen Spielnachmittag. Wir stellten schon in der Planung gemischte Spielgruppen zusammen, so daß meine Schüler nicht gegen sondern mit ihren künftigen Klassenkameraden spielen würden, was dann überraschend gut klappte, obgleich meine Klasse vorher sehr dagegen war.
Wir fuhren mit den Rädern die sechs Kilometer hin, und es war eine weitere Überraschung, als wir auf dem Heimweg von einer ganzen Schülergruppe aus E. und einem

Lehrer begleitet wurden.
So gab es also bereits eine Brücke für künftige Freundschaften.“

Bei Klassen, die zum Schuljahresende aufgelöst und neu zusammengestellt werden, muß die Abschiedsfeier nicht unbedingt anders aussehen. Der kleine Unterschied ist allerdings: Jetzt ist eine solche Abschiedsfeier nicht mehr allein Sache der Klassenlehrerin oder des Klassenlehrers. Nun müssen alle mitplanen, mitwirken, Verantwortung tragen. Möglichst auch die Eltern. Es folgt eine Auswahl aus vielen Möglichkeiten.

Kaffeeklatsch
Am letzten Sonnabend vor den Ferien versammeln sich die Schüler und Eltern noch einmal zu einem geselligen Beisammensein.
Dabei sollen Kaffee, Tee, Kakao und andere warme oder kalte Getränke verab-

reicht werden. Dazu gibt es vielerlei Kuchen und Gebäcke.

Wer was herstellt (zusammen mit der Mutter?) oder besorgt und mitbringt, wird vorher genau festgelegt. Ebenso ist man sich darüber einiggeworden, wie die Tische aufgestellt die Sitzordnung festgelegt wird, wer die Eltern an der Türe begrüßt und an die vorgesehenen Plätze geleitet, wer jeweils wo und womit bedient.

Nach der kurzen Begrüßung durch einen Schüler, eine Schülergruppe (Begrüßungsgedicht oder -lied) oder den Klassenlehrer könnte noch ein kurzes Schauprogramm stattfinden. Dann aber sollte das gesellige Beisammensein nicht mehr unterbrochen werden. Allenfalls macht es sich gut, wenn die Schüler auch mal an andere Tische wechseln, die Eltern dort begrüßen und sie fragen, wie ihr Sohn oder ihre Tochter die vergangenen Schuljahre empfunden habe und wie er/sie sich zu den Verände-

rungen im kommenden Schuljahr verhält. Ähnlich „wandert" auch die Klassenlehrkraft, um wenigstens mit jedem Elternpaar einige Worte zu wechseln.
Ist ein Kommunalvertreter anwesend, könnte ihn eine Schülerin bitten, dem Gemeinderat im Namen der Klasse dafür zu danken, daß dieser in den vergangenen Jahren stets Mittel für eine gute Ausstattung der Schule bereitgestellt habe.
Möglich wären auch kurze Abschiedsworte der Klassenlehrkraft oder des Elternsprechers.
Zum Abschluß könnten alle nochmals gemeinsam durchs Schulhaus oder über den Schulhof wandern.

Die Klasse führt ein Spiel vor

Spielfreudigen Klassen, die auch während der vergangenen Schuljahre regelmäßig szenische Spiele veranstalteten, fällt es nicht schwer, aus ihrem Repertoire nun auch eine etwa einstündige Schau für

Eltern, Gemeindevertreter, Geistlichkeit und Kollegium der Schule zusammenzustellen.
Vielleicht aber war in den letzten Wochen des Schuljahres auch Zeit, eine für die Abschlußveranstaltung geplante Szenenfolge einzuüben. Neben den zahlreichen Möglichkeiten aus der Schulspielliteratur haben aktive Klassen aber auch viele Möglichkeiten, solch einen Abend selbst zu kreieren.

„Zirkus Kokolori“

Der Zirkus Kokolori eignet sich für jede Jahrgangsstufe, da er jeweils der Reife der Schüler angepaßt werden kann.
Die Klasse überlegt sich, welche Nummern alle in einem großen Zirkusprogramm zu finden sind, und auch, welche davon mehr oder weniger gekonnt von Mitschülern nachvollzogen oder parodiert werden könnten:

■ Der vom Direktor hochgelobte *Drahtseilartist Konstantini,* der schon in New York, Las Vegas, München, Paris mit seinen verwegenen Vorführungen helle Begeisterungsstürme hervorgerufen hat, tritt mit großer Pose ein, sieht sich vergebens nach einem vorbereiteten Hochseil um, dann zieht er aus der Tasche ein Stück Kreide, zeichnet damit einen Strich auf den Boden, „spannt ihn“ und prüft ihn durch vorsichtiges Auftreten und vollführt dann gekonnt auf dem „Hochseil“ eine Bodenakrobatik.

■ Die angekündigte einmalige *Lipizzanerdressur* wird von einer Schülergruppe mit improvisierten Steckenpferden durchgeführt.

■ *Voltigieren* läßt sich auch an einem von einem Clown im Kreis geführten Kinderfahrzeug demonstrieren.

■ Die einmalige *Dressurgruppe* der einzigen *weißen Tiger* in Europa kriecht gähnend herein und legt sich sofort im Kreise schlafen. Der großspurig auftretende Dresseur stellt mehrfach prüfend Sprungpodeste (Tische) zurecht. Da weder „Sascha“, noch „Karna“ noch sonst ein Tier zu wekken ist, führt der Dresseur die vorgesehenen Nummern selbst aus und erzählt dabei, wie mühsam es gewesen sei, bis „Jukulanda“ usw. diese Übung beherrscht hatte. Zweimal sei er dabei von ihr fast zerfleischt worden usw. Zum Abschluß rollt er seine schlafenden Tiere hinter den Vorhang.

■ Der *große Magier* läßt so viele Personen hinter einem vorgehaltenen Tuch verschwinden, bis keiner mehr unter seinem Umhang Platz hat und er nun mit zehn Beinen ausgestatet ist.

■ Besonders beliebt bei Schülern sind auch *parodierte Schimpansennummern* oder die

vom Fernsehen sattsam bekannten *komischen Trampolinnummern.*
Natürlich sollten nicht nur komische Parodien das Programm bestimmen. Die Zuschauer fühlen sich sonst an der Nase herumgeführt.
Wo es geht, werden auch ernsthafte Programmteile eingebaut.
Weitere Tips:

■ Die *Zirkuskapelle* könnte aus der Orffgruppe bestehen oder auf einem Tonband zusammengestellt sein.

■ Das Einüben der einzelnen Nummern sollte vielleicht „geheim" erfolgen, so daß auch die jeweils unbeteiligten Schüler bei der Vorführung echte Zuschauer sind.
Wesentlich ist, daß zu einem solchen Programm jeder Schüler der Klasse irgendwo einen Beitrag leistet.

Die Weißt-du-noch-Schau

Die Klasse sammelt aus den vergangenen Schuljahren heitere oder besinnliche Erlebnisse und arbeitet diese zu Sketches um. Die Verbindung der einzelnen Auftritte erfolgt durch Gereimtes oder einem Chor.

Dabei können auch außerschulische Ereignisse miteinbezogen werden, bei denen Mitschüler beteiligt waren.

Selbstverständlich ist natürlich, daß dabei niemand bloßgestellt wird.

In anderer Form ließe sich solch eine Klassenbiographie auch als Moritat, Sketch-Folge mit Übergängen usw. darstellen.

Video-Uraufführung

Ist eine Schülergruppe mit der Videokamera vertraut, könnte sie eine selbstgedrehte Szenenfolge, Szenen aus ihrer Video-Gruppenarbeit oder Aufnahmen von Aufführungen und Festen aus dem

Schulleben vorführen.
Gereimte oder musikalische Überleitungen - je nach Charakter ernst oder heiter - bilden dann den Rahmen.

Hinaus ins Leben!

Daß es am vorletzten oder letzten Schultag der Entlaßklassen nicht ohne Feier oder Fest abgehen kann, ist selbstverständlich, und an den meisten Schulen gibt es dafür schon feste Formen.
Ob das so bleiben muß?

Man kann die Verantwortlichkeit für eine solche *Abschiedsfeier* unter zwei Gesichtspunkten sehen:
1. Die Entlaßschüler haben selbst ein Bedürfnis, sich am Ende ihrer bisherigen Schullaufbahn von der Schule zu verabschieden.
Dies setzt natürlich eine recht enge Verbundenheit mit den Lehrern und der Schule voraus, die auch unter dem Streß der Abschlußprüfungen und der Hektik der Organisationsformen nicht sonderlich gelitten hat. Dann sind die Schüler auch gerne bereit, sich noch einmal für die Schule zu engagieren.

2. Im anderen Fall will die Schule die Aufgabe nicht aus der Hand geben, die ihr nun so lange Anvertrauten auch würdevoll zu verabschieden.

Dies ist dann eine Aufgabe für alle am Schulleben beteiligten Personen und Institutionen.

Die erste Frage, die nun zu klären wäre: Wollen wir den Abschied in den Rahmen einer Feier oder den eines Festes stellen?

Die Abschlußfeier birgt vor allem folgende Vorteile:

- Sie ist inhaltlich und zeitlich leicht planbar.
- Sie kann in allen Einzelheiten und auch im ganzen Ablauf hinreichend gesichert werden.
- Sie hat den Charakter des aus dem Schulalltag Herausgehobenen und steht im Rahmen anderer großer Ereignisse, in denen der Übergang von einer sozialen Gruppe in eine andere dokumentiert und ritualisiert wird.

Das <u>Abschlußfest</u> hingegen
- ist nur von der Grundidee und im Schema vorher organisierbar.
- Sein Ablauf im einzelnen wird stark von allen Mitwirkenden bestimmt, und
- außerdem ist es gerade durch die Gleichzeitigkeit unterschiedlicher Aktivitäten an unterschiedlichen Orten gekennzeichnet. Dadurch sind auch die Verantwortlichkeiten breiter gestreut.

Solche und weitere Gründe haben oft zu einem Überhandnehmen von Schulabschlußfeiern mit festen und oft schematischen Programmabläufen geführt. Trotzdem kann eine Feier dann einen tiefen Eindruck hinterlassen, wenn auch die Entlaßschüler schon bei Beginn in die Planung verantwortlich miteinbezogen werden.
Dies gilt insbesondere für
- die Gestaltung der <u>Einladungen</u>
- <u>musische Beiträge,</u>

- eine Dankrede an Lehrer, Schule, Kommune usw.
- die Erstellung der Abschiedszeitung
- die rechtzeitige Bereitstellung des äußeren Rahmens u.a.m.

Hierzu einige Anregungen:

Einladung und Feier

Gewohnterweise sehen Einladungen und Ablauf von Schulabschlußfeiern so aus:

Die Leitung der …-schule beehrt sich, Sie für Mittwoch, den … zu der um 19.00 Uhr in der Aula stattfindenden Abschlußfeier der Entlaßklassen einzuladen.

Programm:

1. Begrüßung
Konrektor Adam K.

2. Sonate in F-Dur von …
Schulorchester (Ltg. Konrad L.)

3. Ansprache
Rektorin Michaela O.

usw.

Solch ein Standardprogramm läuft dann wie am Schnürchen und birgt für alle daran Beteiligten ein Gefühl sicherer Tradition. Man sollte solche Vorteile nicht unterschätzten.

Doch dazu einige Überlegungen:

REDEN MÜSSEN SEIN.
Doch wissen wir auch, daß Reden noch unerforschte Verbindungen zur Gähnmuskulatur der Zuschauer haben. Vor allem dann, wenn
- sie langweilige Aufzählungen bringen, wenig geschickt aufgebaut sind, allseits bekannte Storys widerkäuen oder, was am schlimmsten ist, persönliche Erlebnisse einflechten, die nur der Selbstbespiegelung des Redners dienen („Als ich kürzlich mit meinem Freund, dem Landrat …“. „Neulich schaute ich mir mit meiner Frau die Sendung ‚Popcorn‘ an. Da meinte sie …“ usw.),
- ohne besonderen Bezug zum Fest zu viele Redner auftreten („Es will halt jeder einmal da vorne stehen!“),
- die Reden an sich und in summa zu lange sind (Sogar der Bundestag hat Redezeitbeschränkungen mit Abmahnung!)

Seine ausgefeilte Ansprache fesselte Schüler und Lehrer gleichermaßen ...

Am besten ist es allemal, wenn
- die jeweilige Rede nicht nach dem Handbuch für Reden zu allen Gelegenheiten klingt, sondern das Motto des Abends direkt oder indirekt aufgreift,
- die Rede wenig äußere Grammatik zeigt („Zu Beginn meiner Ausführungen …“, „Um nun zum Hauptteil meiner Rede zu kommen …“, „Lassen Sie mich langsam (!) zum Schluß kommen …“ usw.)

■ *Konrektorin H. hatte die Begrüßung der Gäste übernommen. Während sie zum Pult ging, entrollten Schüler ihrer Klasse eine etwa 8 m lange Tapete, auf die von ihren Schülern die Gäste konterfeit (aufgeklebt!) waren. Ein lebender Zeiger wies während der Rede dann jeweils auf die sicher unbeholfene Figur, die die genannte Person darstellen sollte. Für die Schar der verehrten Eltern und dann der lieben Schüler und - last not least - des einmaligen Kollegiums wurden weitere Tapetenbahnen entrollt und an Endleisten hochgehalten. Das wirkte als Gesamtbild recht eindrucksvoll.*

■ *Lehrerin Johanna K. sollte den Werdegang der Entlaßschüler nachzeichnen. Sie begann mit einem Computerchinesisch („Input, Label, RAM, … usw.“) und übersetzte dies dann bilderreich in die Alltagssprache der schulischen Vorgänge.*

■ *Herta Z. sollte die Berufswünsche ihrer zu entlassenden Mitschüler/innen kurz aufzeigen. Während sie dies tat, kamen die gemeinten Schüler/innen jeweils in nachempfundener künftiger Berufskleidung oder sonstigen erkennbaren Berufsattributen auf die Bühne. Zum Schluß dieser Szene wies Herta darauf hin, daß dies natürlich vor … Jahren nicht vorhersehbar war, damals hatten sie alle noch gesungen … Und nun sangen die versammelten Schüler „Wer will fleißige Handwerker seh'n, …“ in abgewandelter Version.*

■ *Frau K. wollte als Elternsprecherin dem Kollegium danken und erzählte dabei sehr bildhaft, wie sie vor genau 25 Jahren den Schulabschluß hier erlebt hatte.*

■ *Pieter L. gab einen Rückblick über die vergangenen Jahre und ließ dabei Dias einblenden, die ihn und seine Klassenkameraden/innen damals bei verschiedenen privaten oder schulischen Anlässen zeigten.*

MUSIK BESTIMMT DEN RAHMEN. Was so im Laufe eines Schuljahres an Liedern, Chören, Instrumentalmusik eingeübt wurde, hat seinen natürlichen Platz für die Vorführung in der Öffentlichkeit hier in diesem Rahmen. Dies ist ganz besonders vorteilhaft, wenn es eine musikalisch effektive Tradition an der Schule gibt und möglichst viele Entlaßschüler mitwirken. Wo dies nicht ohne Probleme machbar ist oder sich ganz einfach erschöpft hat, geht es auch anders:

„Eine Kleine aber qualifizierte Orff-Gruppe spielte etwas von Carlos Santana"

- *Herr D., der Musikfachlehrer der Schule, ist zugleich Leiter der regionalen Musikschule. Sein Jugendchor bzw. sein Jugendmusikorchester wird sich gerne bei einer solchen Feier präsentieren.*

- *Volksmusikgruppen mit einer verwandtschaftlichen Beziehung zu einigen der Feiernden werden gerne einspringen.*

- *Drei Väter von Schülern aus den Entlaßklassen gehören einem Chor oder Orchester an und haben zu Ehren dieses Tages zusammen mit einigen Musikfreunden einige Tonstücke für diesen Abend vorbereitet.*

- *Wie wäre es denn, wenn die sonst nur hausmusizierenden Kolleginnen und Kollegen einmal einige Proben ihres Könnens abgeben würden? In nicht wenigen Fällen ist aus solch einem Anlaß ein Lehrerchor bzw. ein Lehrerorchester entstanden. Auch an solchen Aktivitäten wird der Geist einer Schule sichtbar.*

■ *Schon Show-Mäßiges: „Als wir im Kindergarten noch Hänschenklein sangen, ertönte aus dem Radio zuhause ‚Yeah, yeah, yeah!'" (Musikcassette!) usw.*

SHOW-ELEMENTE BEWEISEN KÖNNEN UND MACHEN EINDRUCK

Sinnlos wäre es, wenn wir in der Schule unsere Vorhaben an den der öffentlichen Medien messen wollten. Was wir machen, hat in irgendeiner Form immer etwas mit unserer Schule, unserem Ort, unseren Schülern, eben unseren Möglichkeiten zu tun. Daß es hier trotzdem genug zu tun gibt, ist durch die Vielfalt der an unseren Schulen möglichen Formen Legende. Versuchen wir zu ordnen:

SZENISCHE EINLAGEN

Es gibt eine Fülle von Möglichkeiten für
- *Sketche,* bei denen in kurzen Szenen bestimmte Geschehnisse pointiert werden, Man kann bei den Schülern eine Umfrage

starten, welche Situation (oder welcher Vorgang) sie im vergangenen Jahr (bzw. in den vergangenen 3 Jahren) am meisten beeindruckt hat.
Schon hat der Sketch ein Thema, das es nun in (meist) drei Schritte (Ankündigung, Verlauf, Reaktion) zu gliedern und dann in Dialogform umzuformen gilt.

■ *An einer Schule hatte eine Klasse das Signal zur alljährlichen Feueralarmprobe nicht verstanden und wunderte sich über den plötzlichen Lärm auf den Gängen, dann die auffallende Stille im Haus, während aus dem Schulhof ein Stimmengewirr erklang. Man wunderte sich, daß heute zur Unzeit Pause war. Doch wie in der Pause benahmen sich die Mitschüler im Hof auch wieder nicht. Pointe: Als der Schulleiter in die Klasse kam und sie wegen ihres Verhaltens rügte, sagte ein Schüler: „Dann hätte ich endlich einmal in ein Feuerwehr-Sprungtuch stürzen können!“*

■ *Die 6a der Friedrich-Ebert-Schule in H. hatte einen Brief bekommen: Sie hätte beim internationalen Wettbewerb der ...-Vereinigung den 3. Preis bekommen. Die Klasse wunderte sich, weil sie von dem Wettbewerb gar nichts wußte. Erst zum Schluß klärt sich, daß die Klasse 9a gemeint war.*

■ *Die Regionalsender hatten am frühen Morgen durchgegeben, daß die Schüler wegen des Schneeunwetters heute zu Hause bleiben sollten. Die das nicht gehört hatten, wundern sich über die Ruhe im Schulhaus.*

Lassen Sie also Ihre Schüler einmal in ihrem Gedächtnis kramen. Selbst wenig dramatische Ereignisse gewinnen komische Aspekte, wenn den Handelnden anfangs die Hintergrundinformation fehlt. *Schulspiele* in vorgeformten oder nachempfundenen Szenenfolgen sind sowohl als Puppen-, Schatten- oder Personenstücke Legion.

Sicher, man muß in Buchhändlerkatalogen, Spezialzeitschriften, Lehrerblättern danach suchen. Doch das ist in jedem Fall lohnend.
Denkbar und naheliegend ist aber auch, daß so etwas von unseren dafür sensiblen Kolleginnen und Kollegen an der Schule selbst auf die Beine gestellt wird. Da schlummern immer wieder einmal Talente. Sie wollen nur mitunter aus ihren Träumen gekitzelt werden!
Wie wäre es, wenn unsere Kolleginnen und Kollegen aus dem Deutsch-Sektor im Rahmen eines Projektes, einmal die dramatischen Formen der Literatur anhand von Workshops mit Schülergruppen durchnehmen und daraus einen Spieltext entwickeln? Sehen Sie einmal bei Hans Sachs oder im Sommernachtstraum nach!
Noch ein Wort zu den Schatten- und Puppenspielen:
Mit einem Arbeitsprojektor und gut skizzierten und geführten Silhouetten und

den einführenden Worten „Es war einmal ...“ oder „Vor langer Zeit lebte in ... ein Fischer ...“ lassen sich Szenen aus dem Schul- oder Gemeindeleben unschwer dramatisieren. Entsprechende Geräusch- bzw. Musikbegleitung inclusive! Inzwischen sind von den Stab- bis zu den Fadengruppen alle möglichen Darstellungsarten bekannt geworden.

■ *Warum soll zu einer mitreißenden Musik nicht solch eine Stabpuppen-Ballettgruppe tanzen?*

■ *Warum soll Conny O. sein Bauchrednertalent mit seinem vorlauten Vogel nicht auf die reale Situation in der Aula beziehen dürfen?*

■ *Oder sollten die Popeye-Sisters ihre Show mit den kniehohen Marionetten etwa nur für eine einzige Vorführung in der Klasse eingeübt haben?*

TANZ
gibt in jeder Form einer Schulfeier besonderen Glanz, vor allem dann, wenn Entlaßschüler daran beteiligt sind. Dabei ist die Palette der Möglichkeiten farbig genug:

■ *Volkstänze* aus der gegenwärtigen oder früheren Heimat hiesiger oder anderskultureller Gruppen,

■ *rhythmische Gymnastik* aus der Arbeit des vergangenen Jahres,

■ *Tanzparodien,* etwa wenn Frau H. eine Stunde vorführt, in der die Mädchen nahezu perfekt agieren, während die drei eingeschriebenen Jungen recht komisch herumhopsen,

■ *Modernes Ballett,* bei dem Lehrerin (als Primaballerina!) und Schülerinnen unter Nutzung aller technisch möglichen Licht-

Die jährlichen Darbietungen aus der Kollegenschaft waren stark klassisch orientiert.

effekte die körperlichen Ausdrucksmöglichkeiten demonstrieren, usw.

■ Oder gibt es vielleicht auch eine *Lehrertanzgruppe,* die unter Choreographie einer kundigen Kollegin die Tradition einheimischer oder ethnischer Volkstänze beherrscht?
Hatten sich evtl. Kollegenpaare vor einiger Zeit zu einer Step-, oder Rock'n'Roll-Gruppe zusammengefunden? Warum enthalten Sie uns dies vor?

ZIRZENSISCHE DARBIETUNGEN
In nicht wenigen Schülern (oder Lehrern?) schlummern nicht nur Sehnsucht und Talent zum Zirkus, sondern verleiten sie auch, ihre Möglichkeiten im privaten Kreis zu erproben. Warum sollen sie also die Gelegenheit versäumen wollen, ihr Talent auch vor einem größeren Zuschauerkreis zu beweisen? Da stehen dem verborgenen Künstler auf der Schulfeier vom Jongleur

bis zum großen Magier alle Chancen offen!

KLEINE GESCHENKE ERHALTEN DIE FREUNDSCHAFT

Gut, es gibt sie mit Recht: Die übliche Auszeichnung der ...-Besten durch Urkunden, Buchpräsente, Pokale usw.
Doch hätten es nicht alle Entlaßschüler verdient, daß sie irgend ein Erinnerungsstück für ihr langjähriges Ausharren, für aktive Mitarbeit oder für den positiven Klimabeitrag ein Dokument mit nach Hause nehmen können? Dies könnte dann von allen jeweiligen Lehrerinnen/Lehrern in der Klasse unterschrieben sein. Wenn dies auf rechtliche Bedenken stößt (Zeugnis?), könnten ja die Schülersprecher unterschreiben!

■ *In O. bekamen die Entlaßschüler alle ein von einem Finanzinstitut gestiftetes T-Shirt. Damit der amtliche Name der Schule nicht*

falsche Wege weist, wurde er ganz einfach abgekürzt:
– SRS-SENIOR-CLUB OBERHAUSEN –
Dazu war ein recht poppiges Emblem sichtbar. Also?

■ *An einer Schule hatte ein Mäzen Anstecknadeln gestiftet (Sportpokalhandel), auf dem das Ortswappen und die Initialen des Schulnamens emailliert waren. Ehrengabe!*

■ *Ein Werkfachlehrer brachte die Idee ein, mit seinen siebten Klassen Tonbecher mit einem Erinnerungsschriftzug für die Abschlußklassen zu fertigen. Das Echo nachher war groß, und es ist sicher, daß die meisten dieser Becher noch nach vielen Jahren wie Antiquitäten behandelt werden.*

■ *Woanders schufen Schüler eine vergrößerte Erinnerungs-Münz-Imitation. Die später leicht herzustellenden Abgüsse wurden mit einer Metallfarbe bemalt und einer Öse zum Aufhängen versehen.*

Und zum Abschluß dieses sicher noch lange fortzusetzenden Ideenwettbewerbs:

- *In W. hatten die Abschlußschüler je ein 40 cm großes Stoffquadrat mit Gebäudemotiven in Linolschnitt-Technik bedruckt. Die Quadrate wurden zusammengenäht und mit einer Bambusstange versehen. Dieser Wandteppich wurde der Schule als Erinnerungsgeschenk überreicht. Originell, aber sicher nicht jährlich wiederholbar. (Dank gilt auch der Kollegin, welche die Patchwork zu einem guten Ende brachte!)*

ÖFFENTLICHKEIT
Nicht wenige Tageszeitungen veröffentlichen jährlich die Namen der jeweiligen Abiturienten. Sind Entlaßschüler anderer Schulformen weniger bedeutsam, oder liegt es einfach daran, daß sie in der Überzahl sind?
Gerade deshalb ist es überlegenswert, nach weiteren Möglichkeiten zu suchen,

als sich mit dem Kurzbericht der Abschlußfeier zufrieden zu geben.

■ Findet sich ein Mäzen, der eine Anzeige der Schulleitung finanziert? (Ist zugleich eine Werbung für die Schule!)

■ Legt die Klasse einmal zusammen und finanziert einen öffentlichen Dank an Schule und Lehrer? Oder unternimmt der Elternbeirat so etwas?
In jedem Falle wird die Bedeutung eines solchen Abschieds auch über den Rahmen der unmittelbar Beteiligten hinaus gewürdigt.

DIE ABSCHLUSSZEITUNG
hinterläßt immer einen bleibenden Eindruck. Die dafür zuständige Redaktion sollte frühzeitig beginnen, aber doch auch Platz einplanen für letzte Meldungen. Im Zeitalter des Computers können alle Artikel schon im Spaltendruck-Layout abge-

speichert werden. In den letzten beiden Wochen ist alles dann rasch ausgedruckt, umgebrochen und fotokopiert. Der inhaltlichen Überraschung wegen wird „Der heiße Expreß“ natürlich erst in letzter Minute ausgegeben!

DAS FINALE

War die Feier spannungs- und aktionsgeladen, braucht sie keinen besonders akzentuierten Abschluß. Sonst aber wäre denkbar, daß von allen Anwesenden der Abschlußfeier noch eine gemeinsame Abschlußaktion gestartet wird.
Das kann ein evtl. *gemeinsames Lied* sein, eine Polonaise durchs Schulhaus oder Außengelände bis zum Tor, ein gemeinsamer Zug zum nahegelegenen Rathaus usw.
So dargestellt, bleibt die Schule im wahren Wortsinn hinter den Entlaßschülern zurück!

DER „RAHMEN“
Nun noch einige Beispiele, welche Überlegungen an verschiedenen Schulen angestellt wurden, und wie dann der Rahmen für solch eine Abschlußfeier gespannt war: Schon die *Einladung* läßt sich abweichend von der Sekretariatsmaschinentype wirkungsvoller gestalten: Fachlehrer, begabte Kollegen und auch Schüler (Warum nicht einen Planungswettbewerb?) oder gar im grafischen Gewerbe aktive Eltern könnten zum Brainstormig animiert werden.

■ Wäre der Vergleich der äußeren Form einer Einladung mit der Wirkung einer individuell gestalteten Speisekarte eines Restaurants zu gewagt? Warum sollen wir nicht statt eines Programmes eine geistige Menue-Karte bieten?

ANLÄSSLICH DER HEURIGEN SCHULENTLASSFEIER BIETEN WIR IHNEN:

1. EMPFANG DER GÄSTE DURCH CHEFSTEWARD (KONREKTOR) ADAM. K.

2. HORSD'OEVRE: SERENADE … GESPIELT VON …

3. ALS VORSPEISE BIETEN WIR … usw.

Vorbilder? Laden Sie einmal den bisherigen Programmgestalter in ein gutes Lokal ein! Oder haben Sie noch die Speisekarte von der Hochzeit Ihrer Nichte irgendwo? Anregungen können wir auch von der Programmgestaltung anderer sozialer Gruppen erhalten:

- Handwerkskammern entwickeln oft einen besonderen Stil für Freisprechungsfeiern,

– in manchen Betrieben werden Verabschiedungen verdienter Mitarbeiter recht stilvoll gefeiert.
Also bitte: Sich umsehen und Programme sammeln!

■ Eine Klasse hatte die Idee, das Programm unter dem Motto „Wir heben ab in den Weltraum!“ abzufassen. Es war mit Computern grafisch gestaltet und hatte etwa folgenden Wortlaut:

WELTRAUM PROGRAMM
YEAH...
Kannst Du Deine akustischen Interferenzen bitte etwas runterbeamen?
Wer? Ich?

CREW UND WELTRAUMFAHRTBEHÖRDE DER . . . -SCHULE LADEN SIE ZUM START DER ERSTEN VOLLAUSGEBILDETEN WELTRAUMMANNSCHAFT EIN.

WIR HEBEN AB IN DEN WELTRAUM!

WIR STARTEN AM . . . UM . . . IN DER GROSSEN HALLE UNSERES AUSBILDUNGSCAMPS . . .

STARTPROGRAMM:

1. BEGRÜSSUNG DER GÄSTE AUS DEM IN- UND AUSLAND (10B)
- MUSIK AUS DEM ALL
(VERANTWORTLICH 10C)

2. WIE WIR FÜR UNSERE AUFGABEN IM ALL TRAINIERT WURDEN (10 A)
- MUSIK AUS DEM ALL (10C)

4. DANK AN DIE TECHNIKERCREW (10B)
- MUSIK AUS DEM ALL (10C)

5. UNSERE AUFGABEN IM ALL (10A)
- MUSIK AUS DEM ALL (10C)

6. WELTRAUMWESEN (ALL-TANZGRUPPE 10A, 10B, 10C)

TRAINERIN: FRAU GERDA N.

Kurz geschildert, sah der Ablauf dann so aus:
Schülergruppen in angedeutetem Astronautenlook eröffneten die Zeremonie damit, daß sie die Gäste begrüßten und die bisherigen Unterrichtsfächer als Vorbereitung für ihre Reise und künftige Arbeit im Weltraum schilderten. (Dies kann man je nach dem Geist der Schule recht heiter oder auch ernst abfassen.)
Dann leitete nach einer modernen Zwischenmusik der Rektor die Abschiedsfeier durch seine ganz auf den Rahmen bezogenen guten Wünsche ein.
Einer der Klassenlehrer der Abschlußklassen schilderte als „Mitglied des Planungsstabes" die Startvorbereitungen und den Stand der menschlichen und technischen Kompetenzen der Astronauten für ihre Aufgabe im Raum („Einige unserer Weltraumpioniere beherrschen die Akrobatik im schwerelosen Raum unübertrefflich!").
Vier Schüler dankten nacheinander im

Namen der anderen der Kommune, der Schulleitung und dem Schulhauspersonal in z.T. recht launigen Wendungen für ihre Hilfe bei den Startvorbereitungen. Symbolisch für die jeweilige Gruppe wurden Blumen (Es hätte auch ein „Weltraum-Orden" sein können!) und dem Hausmeister ein Geschenkkorb (mit „Überlebensproviant“!) überreicht.
Eine weitere Schülergruppe gab einen Überblick über die Berufswahl der Absolventen in Metaphern (z.B.: KFZ-Schlosser = Reparateure an Raumfahrzeugen, Bankaspiranten = „... werden künftig über die Einhaltung des Finanztransfers im All wachen“ usw.)
Eine Tanzgruppe gab anschließend nach einer Musik aus einem Science-Fiction-Film eine recht anspruchsvolle Darstellung moderner Bewegungsformen. Unterstützend wirkte auch hier die effektvolle Beleuchtung durch eine rasche Abfolge von Scheinwerferschaltungen (von Schü-

lern zur Musik erprobt).
Denkbar wäre auch, ein solches oder nach einem ähnlichen Motto gestaltetes Programm als eine Art Musical nach bekannten Melodien ablaufen zu lassen. Die Dialoge und die dabei möglichen Show-Einlagen geben dem Ganzen eine besondere Note. Allerdings bedarf dies auch eines erhöhten Übungsaufwandes.
Häufig wird bei der Gestaltung von Schulabschlußfeiern auch auf die Form eines im Mittelpunkt zwischen den Reden stehenden szenischen Spieles zurückgegriffen. Um hier eine angemessene Vorlage zu finden, muß man sich in den Schlagwortkatalogen der Buchhändler und in den Schlagwortverzeichnissen öffentlicher oder der Universitätsbibliotheken auf die Suche begeben. Die dabei aufgewandte Mühe lohnt sich aber, wenn man dann eine Vorlage findet, die evtl. nur noch aktualisiert und auf die örtlichen Verhältnisse zugeschnitten werden muß.

In einigen Bundesländern gibt es sogar Zeitschriftensammlungen und Auswahllisten für solche Schulspiele.

■ *Viktor B.:*
„Im vergangenen Jahr arbeitete eine ‚Poetengruppe' (3 Schülerinnen, eine reimerfahrene Mutter, zwei Kolleginnen) eine Szenenfolge aus, in der Entlaßschüler ihren bisherigen Schul-Werdegang schilderten. Immer, wenn eine Jahrgangsstufe genannt wurde, trat eine Schülergruppe aus eben diesem Jahrgang – ähnlich zusammengesetzt – auf und regte einen Dialog an, in dem sich die Jüngeren belehrend an die Älteren wandten und ihnen sagten, wie sie es damals geschickter hätten anpacken können.
Am Schluß stellten sich die Absolventen selber die Frage: Am besten wäre es wohl, wir fingen nochmal von vorne an und blieben dabei so klug wie heute!
Da wir nach langen Jahren immer gleichförmiger Abschlußfeiern nach einer neuen Form

gesucht hatten, waren wir noch etwas unsicher, wie das ankommen würde. Doch waren letztlich alle begeistert.
Die Frage ist nur: Was bieten wir im kommenden Jahr? Muß es nun – wie im Fernsehen! – ständig Steigerungen geben? Nun, eine Idee zeichnet sich schon mal ab."

■ *Karin M.:*
„Im Hauptteil der Abschlußfeier ließen wir die bisherigen Schuljahre nochmals Revue passieren: Ein Chor der Anschlußklasse sang Überleitung und Refrain:
‚Während wir die ...te Klasse waren
und dazu recht unerfahren,
nahm die große Welt von uns keine Notiz,
d'rum war sie auch für uns – ein Witz.'
Nun traten jeweils in einer Reihe von Fernseherattrappen die Nachrichtensprecher in Aktion und verlasen Nachrichten aus jenem Jahr – bunt gemischt Lokales und Hochpolitisches. Die Unterlagen dazu hatten wir uns aus dem Archiv unserer Tageszeitung besorgt.

Da die Sprecher ihr Material recht eigen interpretierten und Lokales und Weltpolitisches munter vermischten, gab es genug Anlaß zum Lachen und auch zum Nachdenken. Jeweils nach der Nachrichtensendung meldete sich der Chor wieder und blendete die Wettermeldung ein, die besagte, daß für uns das Wetter trotzdem immer heiter blieb und nur gelegentlich von Unwettern durchsetzt wurde."

■ *Gretel Ö.:*
„Im Mittelpunkt unseres heurigen Abschlußprogrammes stand diesmal ein Singspiel, das unsere Fachlehrerin, Frau Z., arrangiert hatte. Von Überleitungen umrahmt, sangen die jeweiligen Schulklassen jene eingeübten Lieder aus dem Singunterricht, die in den vergangenen Jahren auch von den Abschlußklassen gelernt worden waren. Bei jedem Chor wirkte auch eine Gruppe der Abschlußklassen selbst mit. Das schuf einen netten Kontrast."

Man sieht also: Am Anfang steht eine Idee. Und wenn diese zündend genug ist, vermag sie anzustecken und sich zu einer Abschlußfeier mit besonderer Note zu entwickeln.

Feste Feiern!

Feste zum Schuljahresende werden normalerweise vom Lehrerkollegium oder der Elternschaft als Fest für die ganze Schule angelegt.
An immer mehr Schulen gewinnt aber auch der Gedanke Raum, nach all den Frühlings-, Sommer- und Vereinsfesten in der Gemeinde, gerade solch ein Fest zum Schuljahresausklang vorwiegend als Fest für die Abschlußklassen zu feiern. Dies setzt voraus, daß diese Veranstaltungen auch weitgehend von und mit den Schülern, Lehrern und/oder Eltern der Schulabsolventen geplant, vorbereitet und durchgeführt werden.
Da aber auch das Arbeits- und Prüfungspensum gerade dieser Klassen belastend genug ist, kann die Abschlußfete nur dann gelingen, wenn bereits am Beginn des Abschlußjahres der große Rahmen, und dann monatlich weitere Detailpläne ver-

bindlich festgelegt werden, so daß die letzten Vorbereitungen in die Zeit fallen, in der dann Prüfungen und Abschlußarbeiten weitgehend abgeschlossen sind.
Gerade dieser Gedanke hält manche Kolleginnen und Kollegen noch von dieser Form des Abschlußfestes ab. Doch wo die Vorbereitungszeit ernsthaft genutzt und mit den Phasen der intensiven Schularbeit sinnvoll abgestimmt wurde, klappte es immer - und stellte sich bei allen Beteiligten ein besonderes Zusammengehörigkeitsgefühl ein.

Die Planungsarbeit

Im wesentlichen wird es um folgende Fragenkreise gehen, die von einem Planungsstab aus allen beteiligten Gruppen zu klären sind:
1. Unter welches MOTTO wollen wir das Abschlußfest stellen?

Hier nur einige Beispiele von vielen:

Ich würde mit den Kids von der Planungs-AG einfach mal Brainstorming machen.

„WIR VOM JAHRGANG 19.. VER-
ABSCHIEDEN UNS“

„DER JAHRGANG 19.. FEIERT SEIN ABSCHLUSSFEST“

„WIR HEBEN AB! ABSCHLUSSFETE VOR DEM START ZU NEUEN ORBITS“

„...-SCHULE XY, JAHRGANG 19.., SPÄTLESE, ERNTEDANK“

„WIR HABEN UNSER BESTES GEGEBEN, JETZT FEIERN WIR!“

„WER DEN SCHADEN HAT, ...“

„WIR WAREN GÄSTE IM SCHUL HAUS. NUN SIND WIR GASTGEBER!“

„WIR RÜCKEN AUS - UND LADEN EIN!“

„DAS WIRD EINE FETE!“
„SCHULE AUS - FETE AN!“ usw.

Wie wäre es, wenn in einem Brainstormingwettbewerb im Rahmen des Deutschunterrichts die Werbung bzw. die Titelgestaltung in allen möglichen Medien auf die Tauglichkeit als Vorwürfe für ein Fetemotto untersucht würden? Viele Vorschläge lösen natürlich nur Heiterkeit aus, im ganzen aber wird der Hintersinn eines Festmottos dabei ziemlich klar herausgestellt - und die Schüler sind zugleich auf Möglichkeiten des Festablaufs eingestimmt.

2. WEN laden wir ein?

Je nachdem, ob die Abschlußklassen unter sich, mit den Lehrern, mit den Eltern oder gar mit der ganzen Schule feiern wollen, wird auch der Rahmen für die weitere Planungsarbeit gesteckt.

3. WO feiern wir?

In der Regel wird sich die Schule als „Austragungsort“ anbieten, doch sind auch andere Räumlichkeiten (Gemeindesaal, Festhalle, usw.) denkbar.

4. WIE wollen wir feiern?
Soll es eine Abschiedsparty, ein Abschlußball, ein Abschlußvolksfest, ein Abschlußsportfest, oder vielleicht von allem ein wenig sein? Gerade die zuletzt genannte Mischform wird heute häufig vorgezogen, weil sie viele Mitwirkende aktiviert, viele Ideen ermöglicht und für die Gäste ein breites Angebot enthält.

5. WER kümmert sich um was?
Jetzt ist es an der Zeit, für die einzelnen Elemente des Festes Ausschüsse zu bilden, die sich verantwortlich um die Klärung der Einzelfragen kümmern. Dabei stellen die einzelnen Gruppen (Schüler, Lehrer, Eltern) jeweils besonders gewillte oder geeignete Vertreter ab.

Beispiele:
- Wichtig ist zweifellos die Bildung des *Programmausschusses.* Er sammelt alle Vorschläge, sichtet sie und legt dann einen Rahmen für den Ablauf des Festes fest. Danach richten sich dann die anderen Gremien:
- Der *Musikausschuß* klärt die Fragen der musikalischen Beiträge, Mitwirkenden, Geräte usw. ab und macht im Einvernehmen mit den jeweils Beteiligten einen Vorschlag für die Programmfolge und den zeitlichen Rahmen. Welche Möglichkeiten sich hier ergeben, ist schon im Abschnitt Abschlußfeier angedeutet worden.
- Der *Gastronomieausschuß* klärt alle Fragen der Versorgung mit Getränken und Speisen, also auch um die dafür nötige Logistik.
Hier sind natürlich der schulische Hauswirtschaftsbereich bzw. die häuslichen Teams von Töchtern/Söhnen/Vätern/Müttern gefragt.

■ Möglichkeiten:

Kakaobar	Supergrill
Kuchentheke	Limozapfsäule
Salatbuffet	Brezelbäckerei
Anatolische Spezialitäten	Naturkostladen
	Saftbar
Pudding-Rasthof	Teehaus usw.

– Der *Sportausschuß* organisiert alle sportlichen Elemente bis hin zu den Wettkampfart-, Platz-, Schiedsrichter-, Urkunden/Pokal-, Aufräumkommandofragen.

■ Möglichkeiten:

...ballspiel Lehrer contra Schülerauswahl
Väter gegen Söhne
Väter gegen Lehrer
Schulverwaltung contra ...

Wobei man einmal alle Ballwettkampfmöglichkeiten in Erwägung ziehen sollte, weil gerade ungewohnte Ballspiele und Sonderwettkampfbedingungen Möglichkeiten für Spaß und Spannung bieten. Denken Sie dabei auch an die Kombination von Sportarten. Ein Beispiel: Bei

einem Faustballspiel waren jeweils Spielerpaare aneinandergebunden - am Arm oder an der Fessel. Das garantiert Spaß und Beifall!
Man sollte aber auch die verschiedenen Kleinsportarten nicht vergessen, da sie einmal in Innenräumen gespielt werden können, zum andern einen bereiten Mitspielerkreis anziehen und wenig Aufwand erfordern:
Mini-Minigolfwettkampf
Happy Bowling
Bogenschießen
Nagelklopfen
Preis-Holzklotzsägen
Softballwimbledon Mütter gegen Töchter
verschiedene Geschicklichkeitsspiele (Jojo u.a.)
Großschachspiele
Pfeilwerfen (Dart)
Watteblasen usw.
- Der *PR-Ausschuß* kümmert sich um die dekorative Präsentation des Festes in Pla-

katen, Ausstellungen, der Dekoration der Räume, um Fragen der Einladung und fotografischen Fixierung des Festablaufs. Soll eine Festzeitung herausgegeben werden? Welche Gruppe sammelt dafür Vorschläge und entwickelt die Beiträge?
Es sei denn, letzteres übernimmt
- der *Presseclub,* der sich auch um die Kontakte zu den örtlichen Medien bemüht, um der Fete die notwendige Öffentlichkeit bei der Vorankündigung und im Nachbericht zu sichern. Mitunter ist es dabei oft vorteilhaft, wenn von der Schule bereits komplette Texte bzw. ein ausgearbeiteter und auf Band gesprochener Werbespot übergeben werden.
- Der *Theaterausschuß* klärt zusammen mit den Mitwirkenden alle Fragen der mimischen Beiträge, von Handpuppen-, Pantomimen-, Sketchvorlagen (Information beim Buchhandel!) bis zu den Kostümen und den Kulissenschiebern.
- Der *Dienstleistungsausschuß* kümmert

sich um die Hilfestellungen wie Kleinkinderbetreuung (Raum und Spiele bereitstellen), Garderoben, Toilletten, Rettungsdienst, Aufräum-, Schließdienst, usw. Natürlich wird jeder Ausschuß bald Unterausschüsse hervorbringen, die dann jeweils nach Stand der Planung Absprachen über Inhalte, Personen, Zeit und Raumfragen treffen. Dies alles sieht auf dem Papier beinahe verwirrend aus. Die Praxis aber hat bewiesen, daß schon das Engagement einer kleinen Gruppe ein wirksames Feuerchen auch über einen langen Zeitraum am Brennen halten kann. Und wie gesagt: Es muß nur alles frühzeitig begonnen - und immer wieder nachgehakt! - werden.

- Und dann letztlich der wichtigste aller Ausschüsse: der *Koordinationsausschuß*. Er hält Kontakt zu allen anderen Ausschüssen und kümmert sich darum, daß der Zeitplan und die Aktivitäten aller Beiträge ein vertretbares Gleichmaß aufweisen.

Anhand einer *Checkliste* ist er stets auf dem Laufenden über Ansprechpersonen, Planungsstand, noch offene Fragen usw. Der *Ablaufplan* könnte dann etwa so aussehen:

15.00 Uhr: Feierliche Eröffnung

15.20– 18.00 Uhr: Informations- und Vergnügungspark in Turnhalle, Schulhaus und auf dem Schulhof.

15.45 Uhr: Stelzenwettlauf im Südhof
Väter gegen Söhne,
Töchter gegen Mütter

16.30 Uhr: Torwandschießen (Nordhof)
Lehrer gegen Freiwillige

16.00 und 17.00 Uhr:
DER TEUFEL UND DER BAUER
Puppenspiel der 7b (Raum 012)

16.30 und 17.30 Uhr: Singspiele der Klassen …

18.00 Uhr: GROSSES FINALE
Wir versammeln uns alle am Haupteingang

6. Und wie finanziert man dies alles?
Das ist in unserer Gesellschaft keine überraschende Frage. Doch gerade diese hat immer wieder bewiesen, daß gerade solche Fragen flexibel angegangen und spontan gelöst werden können.
- Gibt es freiwillige Spenden? (Eltern, Firmen, Banken usw.) Wenn man es geschickt anfängt, finden sich oft überraschend Mäzene für solch publikums- (und damit werbe-)wirksame Projekte.
- Sollen Eintritts- bzw. Verzehrgebühren („Selbstkostenbeitrag") erhoben werden?
- Gibt es bei der Kommune Möglichkeiten, einen Zuschuß („Vereinsfeierlichkeiten") zu bekommen? Falls der Haushaltentwurf des laufenden Jahres noch keinen Betrag für solche gemeinderechtlichen Projekte aufweist, müßte man sich – nebenbei - um eine Änderung kümmern.
- Besteht die Möglichkeit eines Basars, Flohmarktes, einer Tombola oder eines Glückslottos, bei denen Bastel-, Hand-

oder Tonarbeitsprodukte wohlfeil angeboten oder verlost werden?
- Können durch billigen Einkauf oder gar Spenden Überschüsse erzielt werden?
- Lassen sich „Werbeflächen verkaufen"? Da im allgemeinen in Schulen direkte Werbung nicht erlaubt ist, kann man immerhin durch diskrete Hinweise („... unter finanzieller Beteiligung von ..., „... wurde durch Förderung der ... ermöglicht") auch den durchaus berechtigten Erwartungen der Spender entgegenkommen.

7. Nachbereitung?

Wie immer das Ereignis des Schuljahres auch gelaufen ist, jetzt wollen meist alle erst einmal ihre Ruhe haben.
Trotzdem sollte man sich in irgendeiner Form nochmal zusammensetzen und Rückblick halten.

Denn damit ist das nächste Fest bereits wieder halb vorbereitet!

Und danach:

Frohe Ferien!